Exemplaire de Barre

Vente du Samedi 14 Décembre 1872
HOTEL DROUOT, SALLE N° 5

COLLECTION DE M. D...

TABLEAUX
MODERNES
AQUARELLES
MARBRES

PAR CLÉSINGER ET POLLET

EXPOSITION PUBLIQUE

LE VENDREDI 13 DÉCEMBRE 1872

Mᵉ CHARLES OUDART, COMMISSAIRE-PRISEUR

M. ÉMILE BARRE, EXPERT

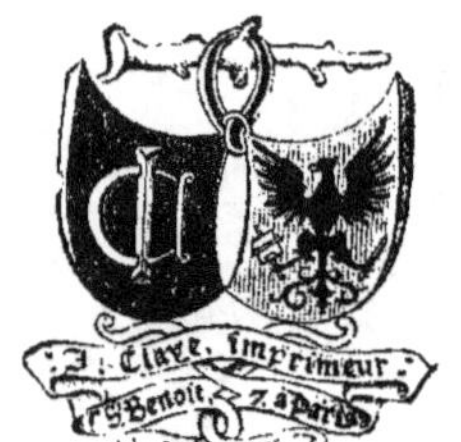
J. Claye, imprimeur
r. S. Benoit, 7, à Paris

CONDITIONS DE LA VENTE

Elle sera faite au comptant.

Les acquéreurs payeront, en sus de leur prix d'adjudication, *cinq centimes par franc*, applicables aux frais.

Ce Catalogue est fait à titre de renseignement; les énonciations qu'il renferme ne peuvent jamais être considérées comme des garanties.

L'Exposition mettant les adjudicataires à même de se rendre compte de la nature et de l'état des objets, il ne sera admis aucune réclamation une fois l'adjudication prononcée.

CATALOGUE

DE

TABLEAUX

MODERNES

Importante Aquarelle de M. LEMAN

(MOLIÈRE A L'HÔTEL DE RAMBOUILLET)

GROUPE EN MARBRE BLANC PAR POLLET

BUSTE PAR CLÉSINGER

COMPOSANT

LA COLLECTION DE M. D...

DONT LA VENTE AURA LIEU

HOTEL DROUOT, SALLE N° 5

Le Samedi 14 Décembre 1872

A DEUX HEURES 1/2

PAR LE MINISTÈRE DE Me CHARLES OUDART, COMMISSAIRE-PRISEUR

31, rue Le Peletier

ASSISTÉ DE M. EMILE BARRE, EXPERT

20, Chaussée-d'Antin

Chez lesquels se délivre le présent Catalogue

EXPOSITION PUBLIQUE

LE VENDREDI 13 DÉCEMBRE, DE 1 HEURE A 5 HEURES 1/2

DÉSIGNATION

TABLEAUX

ANASTASI.

1. — Vue prise en Hollande, soleil couchant.

BAKALOWICZ.

2. — Les Joueuses d'échecs.

BAKALOWICZ.

3. — Le Miroir.

BLUM (Maurice).

4. — L'Arrivée au château.

BOUCHET (A.)

5. — La Caravane.

BRASCASSAT.

6. — Mouton.

CAPELLE.

7. — Vaches à l'abreuvoir.   Aquarelle

CELLIER (Paul).

8. — La Lettre.

CHAPLIN.

9. — Vénus et l'Amour.

CHAPLIN.

10. — Jeux d'enfants.

COIGNARD.

11. — Paysage avec animaux.

COROT.

12. — Paysage, effet de matin.

COROT.

13. — Paysage, effet de soir.

COROT.

14. — Paysage.

DELACROIX (Eugène).

15. — Hercule terrassant le Centaure.

DELACROIX (Eugène).

16. — Le pendant.

> Ces deux tableaux, qui ont servi d'étude pour les plafonds de l'hôtel de ville de Pau, proviennent de la vente Delacroix.

DELPIT.

17. — Paysage.

DIAZ

18. — Le Décameron.

DIAZ.

19. — Paysage.

DREUX (Alfred de).

20. — La Promenade à cheval.

DUMONT

21. — Les Pifferari.

DUPRÉ (Jules).

22. — Forêt de Fontainebleau.

DUPRÉ (Victor).

23. — Paysage

DUVERGER

24. — La Toilette.

ESBRAT (R.).

25. — Animaux au bord d'une rivière.

FRÈRE (THÉODORE).

26. — Une Rue du Caire.

GABÉ (E.)

27. — Marine.

GALETTI.

28. — Paysage de Normandie, avec animaux.

GENTILE.

29. — L'Étang.

GIBBON.

30. — Un Fou.

GIBBON.

31. — Le pendant.

GILLARD.

32. — Sous bois.

GIRARDET (Karl).

33. — Le lac Wallenstad.

GUDIN (Théodore).

34. — Marine, soleil couchant.

GUET (Oscar).

35. — La Rêverie.

D'HAUSSY.

36. — Taureau.

JACQUE (Charles).

37. — Nature morte.

JACQUE (Charles).

38. — Le Pendant.

JULIANA.

39. — L'Indiscret.

Aquarelle.

LANSYER.

40. — Marée montante, à Douarnenez (Finistère).

LANSYER.

41. — Village des environs de Paris.

LEFÈVRE (A.).

42. — Nymphe et Satyre.

LEIKAARTS.

43. — Une Rue d'un village de Flandre.

LEIKAARTS.

44. — Entrée d'un village.

LÉMAN.

45. — Molière à l'hôtel de Rambouillet.

Aquarelle importante.

LOYEUX

46. — Le Miroir.

MAROHN.

47. — La Petite Moissonneuse

MAROHN.

48. — Le Repos des laboureurs.

MEYER

49. — Marine.

MILLET.

50. — La Moisson.

Aquarelle.

MOREAU (CHARLES).

51. — La Liseuse.

MUSIN (F.).

52. — Plage à marée basse, avec barques de pêcheurs.

MUSIN (F.)

53. — Le Retour de la pêche.

MUSIN (F.)

54. — Entrée de rade.

NOEL (Jules).

55. — Une Rue de Vitré.

PALIZZI.

56. — Cheval et Chèvres dans une cour de ferme.

PATROIS.

57. — La Leçon de morale.

PÉCRUS.

58. — La Méditation.

PICOU.

59. — L'Album.

PRÉMEN.

60. — L'Eau bénite.

ROBBE.

61. — Animaux.

ROQUEPLAN (Camille).

62. — L'Automne.

ROUSSEAU (Théodore).

63. — Paysage.

ROUSSEAU (Philippe).

64. — Attributs de musique posés sur un banc.

SALMON (Théodore).

65. — Jeune paysanne cueillant des fleurs.

SCHOOFS.

66. — Ruines dans la campagne de Rome.

SCHOOFS

67. — Le Château de Pau.

TÉLORY.

68. — Chasseur sous bois.

TROYON.

69. — Le Retour des champs.

VERBOECKOVEN (Eugène).

70. — Moutons.

VEYRASSAT.

71. — La Promenade à âne.

VEYRASSAT.

72.   La Fontaine de Saint-Jean-de-Luz.

VEYRASSAT.

73. — Le Repos des moissonneurs.

VINCELET.

74. — Fleurs.

WEISS.

75.   Marine.

MARBRES

CLÉSINGER.

76. — La Dormeuse.

Buste en marbre blanc de Carrare, sur pied en
marbre rouge.

POLLET.

77 — Achille et Didamie.

Groupe en marbre blanc de Carrare.

PARIS — J. CLAYE, IMPRIMEUR, 7, RUE SAINT-BENOÎT. — [2518]